LA VÉRITÉ

A TOUS LES PARTIS.

LA VÉRITÉ

A

TOUS LES PARTIS

PAR

M. Étienne Malpertuy.

PARIS

E. DANTU ET COMPAGNIE, LIBRAIRES,

PALAIS NATIONAL, GALERIE VITRÉE, 13.

—

1850.

* * * * * *

Je me propose, en écrivant ces quelques pages, de
dire la vérité à tous les partis qui divisent la
France.

Comme je ne cherche fortune dans aucun parti,
je n'en flatterai aucun; je dirai la vérité à tout le
monde. S'il y a quelque audace à parler de la sorte,
je puise cette audace dans un sentiment excellent,
dans l'amour de ma patrie.

Les malheurs du temps ne font que me mettre
plus avant dans le cœur cet amour véritable.

A cette heure où tant de principes politiques

sont en lutte, où tant d'opinions divisent la conscience publique, je me réfugie aux pieds de la patrie pour ne pas courir le risque de me perdre dans la cohue des partis.

Chez moi, le patriotisme ne cache aucun intérêt particulier. Je ne tiens au sol du pays par rien, pas même par un brin d'herbe. Je ne suis pas dans les honneurs. Je n'aspire à aucune position brillante. Je ne suis donc pas intéressé à la prospérité de mon pays par ma fortune; à son éclat, par mes dignités; à sa grandeur, par mon ambition. L'amour de la patrie est en moi un sentiment enthousiaste qui m'élève à la hauteur de la France, de sa grande histoire et de son immortel esprit. Et c'est pour défendre la France, son histoire, son esprit, en un mot, la société française, que je cherche à attaquer tous les partis qui perdent la France.

DES PARTIS EN FRANCE.

DES PARTIS EN FRANCE.

Le rideau se lève sur un théâtre immense. Au fond de la scène se dessinent les ruines du passé, semblables à ces restes gigantesques de cités mortes que le voyageur contemple à l'horizon morne et plat du désert. Derrière ces ruines, le soleil de la Monarchie se couche en laissant errer une vague teinte de pourpre sur les vastes régions qu'il n'éclairera plus demain. En face, l'astre de la République se lève en jetant trop tôt sur l'horizon l'éclat de ses feux douteux et chargés de nuages. La nuit n'est pas encore venue ensevelir ce soleil qui tombe; le jour ne s'est pas encore décidé à naître autour de l'astre qui monte : une heure de crépuscule voile le monde. A chaque instant, courent dans cette demi-obscurité des bruits vagues et sinistres. Une grande foule se remue inquiète, tremblante. Une moitié de cette multitude a les yeux tournés vers le soleil qui se couche et se demande avec tristesse s'il disparaît pour la dernière fois. L'autre moitié de cette foule bat des mains devant l'astre qui se lève, et déjà l'appelle pompeusement le soleil de l'avenir... Est-ce bien la nuit qui vient de ce côté-ci ?... Est-ce bien le jour qui naît de ce côté-là ?... Et, par moment, cette masse d'hommes se divise en deux grandes armées, et ces deux armées se heurtent l'une contre l'autre avec un bruit qui s'entend du couchant à l'aurore, dans l'univers entier.

La France est le théâtre sur lequel fourmillent ces innombrables acteurs. Ces deux armées qui marchent l'une contre l'autre représentent deux principes qui, depuis soixante ans, s'égorgent alternativement. Monarchie, République : deux mots qui ont déjà fait couler des fleuves de sang! Royalistes, Républicains : deux partis, tantôt vainqueurs, tantôt vaincus, qui ne se pardonnent rien, parce qu'ils sont de forces égales ; deux partis qui ne perdent le souvenir d'aucune tyrannie, d'aucun échafaud, parce que les changements politiques donnent tôt ou tard à l'un ou à l'autre l'occasion de se venger ; deux partis que les leçons du passé ne corrigent jamais, qui ne se rappellent que leurs vieilles passions et qui n'oublient que les morts tombés dans leurs rangs! Depuis soixante ans, les principes monarchiques et républicains sont en présence. Notre histoire n'est que le retentissement perpétuel des coups qu'ils se portent. Dès que l'un des deux tombe vaincu, il se glisse dans l'ombre pour comploter la perte du vainqueur. Ces deux principes ne veulent et ne peuvent reconnaître un vainqueur définitif, parce qu'ils ont l'un et l'autre l'inébranlable sentiment de la supériorité de leur cause. Dieu devrait bien se hâter de prononcer son jugement entre les deux!...

Au moment où la lutte s'engage entre les deux principes, nous les voyons nettement, énergiquement, divisés en deux camps. Pas de juste-milieu : mot bourgeois créé plus tard pour une époque intermédiaire. En 1793, il n'y avait en France que de vrais royalistes et de vrais républicains. Les uns combattaient sous le drapeau blanc; les autres, sous le drapeau tricolore. Entre ennemis d'opinion aussi tranchée, la guerre est acharnée; mais aussi la victoire sera décisive. Il faut que l'un ou l'autre parti disparaisse dans la lutte pour ne laisser régner qu'un seul principe maître de la France, à jamais délivrée de la guerre civile. Depuis soixante ans que la bataille est engagée, la victoire est passée tantôt d'un côté, tantôt d'un autre : elle ne s'est encore décidée pour aucun. Il est probable que la lutte serait finie aujourd'hui, si Napoléon n'était pas venu arrêter du poids de sa fortune personnelle la marche des destinées publiques. L'empereur suspendit pendant quinze ans la bataille commencée en 89 entre les royalistes et les républicains. Il crut les avoir réconciliés en composant sa cour de gentilshommes devenus ses chambellans et de jacobins portant couronnes de comtes. Non-seulement Napoléon ne délivra pas la France des deux partis, mais encore il leur donna le temps de reprendre haleine en les faisant asseoir dans le théâtre de sa gloire. A sa chute, les royalistes triomphent ; les républicains commencent à espérer : les deux partis revivent. Un troisième s'élève à côté d'eux : le parti bonapartiste.

Quinze années s'écoulent ; le principe monarchique règne en France, lorsque tout à coup il vient s'allier à la révolution de Juillet et en fait naître la monarchie de 1830. Voilà le principe qui se scinde en deux : un second parti se forme dans l'élément monarchique.

Ce second parti gouverne pendant dix-huit ans : une autre révolution arrive qui le renverse. Une fois le principe monarchique à bas, le principe républicain naturellement s'élève. La République est proclamée. Elle se présente à la France sous ces deux noms touchants et conciliateurs : honnête et modérée. Mais à peine cette République honnête et modérée est-elle sortie des flancs de la révolution de Février, que des républicains impatients lui reprochent de boîter, et, en la raillant, ils la dépassent, et vont criant par l'avenir le nom d'une République démocratique et sociale. Nous voyons donc le principe républicain se diviser et donner le jour à un second parti. Ainsi, le temps qui devait amener la fin de la lutte, c'est-à-dire le triomphe définitif de l'un ou l'autre principe, le temps n'a fait que s'entendre avec le mauvais génie de la France pour embrouiller les fils du drame révolutionnaire qui dure depuis soixante ans. Plus la bataille se prolonge, plus la victoire reste embarrassée en voyant arriver sans cesse de nouveaux partis sur le terrain du combat.

La France de 1793 se composait de républicains et de royalistes; la France de 1850 se divise en royalistes de deux nuances et en républicains de deux couleurs différentes. Conséquence inévitable de nos révolutions ! Un pays qui a renversé beaucoup de gouvernements doit nécessairement voir s'élever beaucoup de partis : les partis ne sont que les débris des gouvernements écroulés. La France, depuis soixante années, a vu périr deux monarchies, tomber un grand empire, naître, mourir et renaître la République. Telle qu'elle existe aujourd'hui, la République de février est déjà menacée dans son existence. Elle n'est déjà plus le gouvernement de la foule. La foule a un caprice révolutionnaire pour une autre République de couleur plus vive, d'allure plus décidée, de passions plus agaçantes. Ce gouvernement futur, ce rêve de la multitude, cette République que personne ne sait ou n'ose envisager, prétend clore la marche de tous les pouvoirs qui ont passé sur la France. C'est la dernière forme de gouvernement que le pays est destiné à avoir ; c'est la dernière phase du progrès social. Arrivé là, le pays n'aura plus qu'à jeter la porte au nez des révolutions, des intrigues de partis et des rêves monarchiques... En attendant ce dernier abri, la France s'avance aujourd'hui vers toutes les menaces de l'avenir, enveloppée dans l'épaisse poussière que font les partis en luttant autour d'elle.

Sous le drapeau du principe monarchique marchent les légitimistes et les orléanistes, qui ne se sont jamais entendus. Aux ordres du principe démocratique se rangent les républicains modérés et les socialistes, qui ne s'entendront jamais. Le parti bonapartiste traverse la scène comme un personnage épisodique jeté dans le mouvement du drame par une fantaisie du destin. Jamais pays ne fut plus divisé d'opinions ; jamais situation politique ne fut plus complexe. De même que, vers le dernier acte, on voit tous les personnages de la pièce, entraînés par la fatalité même du dénouement, se précipiter sur le théâtre et hâter la fin de l'action, de même nous voyons aujourd'hui tous les partis s'agiter à la fois sur la scène politique. La révolution arrive à sa péripétie. Les opinions acquièrent plus d'énergie à raison du plus de gravité des événements qui s'accumulent devant elles. Elles prennent aussi plus de netteté, parce que l'action se dessine plus nettement en approchant du dénouement.

Quiconque suit attentivement la marche des choses les voit arriver fatalement à une solution plus ou moins prochaine. De quelque côté que la solution éclate, il vaut mieux qu'elle arrive plus tôt que plus tard. Rien de pis que les situations provisoires. Comme l'avenir leur manque, elles n'ont qu'un très-mince intérêt à se conserver. Elles ne s'abritent que sous des institutions fragiles, comme les habitants des pays exposés aux tremblements de terre ne se

couchent que dans des maisons de planches.
Elles ont, en outre, le tort immense d'être des
espèces de terrains vagues où viennent ma-
nœuvrer à leur aise tous les partis. Il est évi-
dent pour tout le monde que la France se
trouve, à l'heure qu'il est, dans une situation
provisoire et anormale. Ou la République
honnête et modérée doit dévorer la République démocratique et sociale ; ou la République démocratique et sociale doit dévorer la
République honnête et modérée. Il faut que
l'une anéantisse l'autre d'une façon nette et
complète, afin que la survivante se retourne
dans toute sa force, après sa victoire, pour
abattre ou pour être abattue par le principe
monarchique. Quel chaos ! quel abîme ! Et
c'est bien par sa faute que la France est tombée dans la situation où elle est. Elle s'y est
affaissée par une sorte de décomposition mo-
rale à laquelle tout le monde a contribué pour
sa part, en haut comme en bas. Ce travail de
décomposition date de loin. Il est né de cet

esprit de rationalisme qui a détruit l'autel et le trône, nié Dieu, tué le Roi. Il est passé dans cet esprit de libéralisme railleur, irréli-gieux, insubordonné, qui a fait mourir de dé-sespoir la Restauration. Il s'est nourri de cet esprit de matérialisme bourgeois, gros de bien-être, sûr et fier de lui-même, qui a laissé faire la révolution de Février. Aujourd'hui, ce mal de décomposition, descendu des hautes classes, glisse rapidement dans les veines du peuple ; il y circule sous un nom perfide. Le socialisme, ce remède à tous les maux, ce rêve du sensualisme le plus grandiose que les appétits humains aient jamais fait, le socia-lisme énerve et corrompt le peuple ; il lui en-lève sa vertu la plus belle, la plus touchante, la vertu qui rapprochait le mieux ses souffran-ces des bénédictions de Dieu : l'amour du travail !

Plus la situation est grave, plus la solution doit être prochaine. De quel côté viendra-t-elle ? Eclatera-t-elle comme un coup de tonnerre? Et de quelles mains partira la foudre qui doit déchirer en deux le nuage de la situation? Que sortira-t-il de ce nuage?... Dieu le sait !... Qu'importe le nom du pouvoir qui en jaillira, pourvu qu'il soit fort et surtout durable. Que ce soit la république ou la dictature, l'empire ou la monarchie, qu'importe, si ce gouvernement est de force à dominer et à dompter les partis ! Il les dominera en les tenant enfermés ou dans la vérité de son principe ou dans la terreur de sa force. Il les domptera soit en les humiliant devant sa grandeur, soit en les enchaînant derrière sa tyrannie. Il faut, avant tout, que la France rencontre un gouvernement qui l'arrête sur la pente des révolutions extrêmes; sinon, elle finirait par tomber tout entière du côté de ces révolutions. C'est le socialisme alors qui s'emparerait d'elle. Pressé de jouir de sa proie, le socialisme ne chercherait à établir aucune forme de gouvernement, mais il dévorerait vite les bénéfices de son triomphe. Une fois la France dévorée, les socialistes en laisseraient les restes comme les loups repus abandonnent sur l'herbe verte les os sanglants et rongés d'une génisse...

De quelques sombres couleurs que l'avenir se teigne, nous le regardons sans le moindre abattement. Nous avons au cœur l'inébranlable certitude que la France ne périra pas. La société française a encore le trop vif sentiment de la vie pour ne pas chercher à se défendre contre la mort. Elle est encore trop belle d'élégance, d'esprit, d'héroïsme et de génie, pour aller se livrer pieds et poings liés à la convoitise des barbares. La France aura de grandes luttes à soutenir ; elle en sortira triomphante, et elle aura gagné pour prix de sa victoire une nouvelle vertu sociale dont l'avenir seul fait le nom, comme sur les flots de sang répandus au nom de la religion, s'est élevée une des plus belles et des plus douces expressions de la langue humaine : la tolérance religieuse. Non, la France ne périra pas ! Si jamais, par une cruauté du destin,

par un coup de main des révolutions, la France
tombait un instant sous le sabot d'un dictateur
socialiste, notre patrie aurait bien vite un beau
jour dans son histoire, le jour où, revenue de
son évanouissement fatal et coupable, elle se
relèverait tout entière pour laver dans l'éclat
d'une victoire toutes les traces d'une tyrannie
basse et sauvage !

DES PARTIS MONARCHIQUES.

DES PARTIS MONARCHIQUES.

Nous sommes en présence d'un principe qui, pendant près de quatorze siècles, a régné sur la France, et qui, dans le simple espace de soixante ans, a trouvé une fois la mort sur l'échafaud et deux fois a pris le chemin de l'exil. Frappé à trois reprises différentes, ce principe est aujourd'hui banni du sol de la France. A-t-il, oui ou non, mérité sa condamnation?... Oui, puisqu'il est condamné, disent les partisans du fait accompli... Oui, parce qu'il a fait son temps, s'écrient ses ennemis les républicains. Singulière sentence! Le principe monarchique se trouve jugé et condamné par les républicains, juges et parties dans le procès, et par cette foule d'hommes indifférents, imbéciles ou lâches, qui condamnent tout ce qui tombe, par la raison qu'ils tremblent devant tout ce qui s'élève... La monarchie est donc exilée de France. Une révolution a prononcé la sentence ; inclinons-nous devant le fait accompli. La monarchie est morte ; la République existe.

En d'autres termes, une insurrection populaire a fait passer la France de la monarchie à la république. Mais de monarchique, la nation est-elle devenue républicaine ? La forme a-t-elle vaincu le fond ? Nous ne le pensons guère. Il ne suffit pas de passer la charrue sur une forme de gouvernement, il faut encore que le soc enlève jusqu'aux racines de ce gouvernement détruit à la surface. Plus ces racines plongent avant dans l'histoire du pays révolutionné, plus le soc révolutionnaire court risque de ne pouvoir les arracher toutes des profondeurs du passé. Or, une révolution qui n'a pas pu détruire le passé n'a rien fait. 93 , qui poussa la politique de la destruction jusqu'à ses plus monstrueuses exigences, le comprenait si bien, qu'il envoyait par charretées à la guillotine tout ce qui se nommait le passé. Et cependant cette terrible main de 93 n'a pas pu tuer tout-à-fait le principe monarchique : il remonte sur le trône de France vingt-deux ans après la mort de Louis XVI. Pour être véritablement logique, une révolution devrait donc exterminer ses ennemis jusqu'au dernier. Mais une extermination pareille pourrait-elle jamais avoir lieu sur terre? Non, mille fois non. Elle ne pourrait s'accomplir, parce que Dieu ne permettrait jamais que son soleil baignât ses rayons dans une aussi grande mare de sang. Elle ne pourrait s'accomplir, parce que les massacres prendraient des proportions si effrayantes, que les cœurs des plus sanguinaires s'évanouiraient au milieu même de la boucherie. Elle ne pourrait s'accomplir, parce qu'il y aurait bien vite dans l'âme de l'humanité un immense tressail-

lement de pitié qui se jetterait entre les bour-
reaux et les victimes. Que les révolutions le
comprennent bien : Dieu et les hommes les
empêcheront toujours de triompher au moyen
de l'échafaud, quelque gigantesque qu'elles se
plaisent à le rêver ! Les idées qui veulent arriver à leur but n'ont que deux chemins à
prendre : le chemin du bon sens, si elles sont
vraies ; le chemin du temps, si elles ont l'a-
venir.

Nous disions donc plus haut que la France,
par un revirement subit, était passée de la
monarchie à la république, et nous deman-
dions si la nation avait pu aussi, du jour au
lendemain, de monarchique devenir républicaine. Nous laissions voir l'impossibilité d'une
transformation politique aussi soudaine, aussi
radicale. Ici, nous allons l'expliquer. Le gouvernement et l'esprit du pays vivent ensemble,
comme l'âme avec le corps. Si le corps tombe,
l'âme fait nécessairement une chute ; mais,
par la loi même de sa nature, l'âme met plus

de temps à se soumettre aux ravages d'un désordre matériel. Un gouvernement est renversé
par le coup de main d'une révolution ; mais
l'esprit du pays ne peut pas passer d'un gouvernement à un autre, comme une âme ba-
nale, pour laquelle tous les corps sont bons à
habiter. Il est surtout, dans cet esprit national, un côté qui résiste toujours énergiquement à une nouvelle forme de gouvernement, c'est le côté qui regarde et qui s'illu-
mine des splendeurs du passé. Cet esprit du
pays, qui prend sa force dans la foi et la pratique des vieux principes, dans la fidélité aux
usages et aux mœurs, est et sera toujours très-
puissant. Vis-à-vis de la nation, il se nomme
l'histoire ; au foyer de la famille, il s'appelle
la tradition ; il est le lien invisible des générations entre elles. Les révolutions brisent ce
lien ; mais la nature elle-même le raccommode
insensiblement dans le cœur de tout le monde.
Ainsi la révolution de Février a bien pu renverser le gouvernement monarchique, procla-

mer la République, mais elle n'a pas encore pu détruire l'esprit du pays monarchique par ses principes, par sa tradition, par le caractère même de ses mœurs. Les républicains se tromperaient gravement, s'ils croyaient, par le seul fait du 24 Février, avoir changé l'esprit réel du pays. Les Français ne sont encore aujourd'hui que des républicains de circonstance.

Et cependant la République de Février a été acceptée par le pays ; elle se maintient depuis deux ans, et, chose singulière ! elle a des chances de salut, si ses ennemis les socialistes ne viennent pas la renverser. Pourquoi la République se maintient-elle en France? Est-ce parce que l'esprit national a changé? Non. Les monarchistes ne sont pas devenus républicains. Nous n'avons entendu parler d'aucune conversion de ce genre. La France donne donc à l'histoire l'étrange et étonnant spectacle d'une grande nation vivant en république, avec un esprit encore monarchique.

Mais comment la République peut-elle sub-
sister? Elle subsiste, parce qu'elle est la dernière forme de gouvernement que la France
ingouvernable puisse encore endurer. Derrière tant de gouvernements tombés, au milieu de tant de partis debout, la République
est la conséquence logique, inévitable, de nos
inconstances politiques et de nos divisions in-
testines. La République doit donc gouverner
la France, mais le temps seul pourra rendre
la France républicaine.

Puisque la France n'est pas encore devenue républicaine, le principe monarchique
doit avoir gardé une large place dans le cœur
du pays. Ce principe, en effet, possède encore
une grande partie de la scène politique. Il est
né dans le berceau même de notre histoire; il
a fait notre grandeur nationale, fondé nos
églises, défendu le sol de la patrie, agrandi
ses frontières; il a préparé et hâté la civilisation; il a dirigé vers le progrès des flots de
générations; il a été pour ainsi dire le lit du

torrent de quartorze siècles français. Comment s'étonner qu'un principe qui plonge aussi avant dans les entrailles de notre histoire, puisse encore nourrir des racines sous le sol retourné d'hier de la République ? Comment ne pas voir que l'esprit national est encore sous l'influence traditionnelle de tant de siècles? Ce principe, décapité sur l'échafaud de 93, chassé deux fois dans l'exil, existe toujours en France. Le parti monarchique qui le défend lutte encore à l'heure qu'il est. Ce parti aurait voulu se soumettre, qu'il ne l'aurait pas pu. La prolongation de sa lutte est une nécessité de sa force. Le soleil ne peut pas s'éteindre tout d'un coup à l'horizon; la splendeur de ses derniers rayons le contraint à lutter longtemps avec les ombres. Ainsi le principe monarchique, encore tout resplendissant de l'éclat de son histoire, ne peut pas s'effacer de lui-même dans la nuit du passé : il faut qu'une force contraire et supérieure à la sienne l'y jette complétement.

Nous avons donné la raison qui force le

principe monarchique à ne pas encore s'éteindre. Examinons maintenant de quelle manière les partis qui soutiennent ce principe, se produisent à la vie politique. Ici, nous voyons le principe monarchique se diviser et agir par les efforts de deux opinions. Nous avons nommé les légitimistes et les orléanistes. Depuis la révolution de Février, ces deux partis ont une double action, l'une qui s'exerce contre la République, l'autre qui travaille contre eux-mêmes. Nous voulons dire que ces deux partis agissent simultanément et d'accord contre la République, et, en même temps, qu'ils se divisent entre eux pour s'observer, se craindre et se combatre. Sous le gouvernement républicain, ces deux partis s'unissent : l'ennemi commun est en face. Que la République tombe, ils se séparent à l'instant même et se combattent. Ou le comte de Chambord devient Henri V, et aussitôt les orléanistes redeviennent les libéraux de la Restauration ; ou le comte de Paris est proclamé roi des Français, et aussitôt les légitimistes redeviennent les boudeurs de 1830. De quelque côté que vienne aboutir la fortune monarchique, elle met les pieds sur un champ de bataille.

Pour mieux comprendre l'action de ces deux partis, il est bon de dire un mot sur leur foi politique.

Partisans du droit divin, les légitimistes datent du sacre du premier roi de France. Défenseurs et soutiens d'une monarchie de quatorze siècles, les pères ont pendant cette longue série de règnes, défendu et soutenu le principe de la monarchie héréditaire. Les enfants soutiennent aujourd'hui cette politique de tradition, en face et en dépit de soixante années de révolte contre le principe. Pour les légitimistes, l'autorité royale est l'image et l'instrument de l'autorité divine ; ils voient dans le principe de l'hérédité royale quelque chose qui s'apparente avec l'éternité divine. Ils croient fermement que le roi est le représentant de Dieu. La grande révolution de 93, di-

sent-ils, a fait couler des flots de sang sur notre croyance, mais ne l'a pas engloutie. Le
droit divin ne périt pas. C'est cette conviction
qui arma la Vendée. La monarchie de la lé-
gitimité, tombée devant la révolution de 1830
et bannie aujourd'hui dans la personne du
comte de Chambord, trouve toujours dans le
parti légitimiste une fidélité inébranlable. Ce
parti mourra dans sa foi comme un martyr.
Le déluge révolutionnaire ne submerge pas
son principe ; il lui fait éprouver un sort bien
plus triste, il l'isole. En effet, la condition politique du parti légitimiste est l'isolement. Cet
isolement a deux raisons ; la première vient
de la position à l'écart que prennent systémati-
quement ces royalistes ; la seconde tient à la
répugnance qu'éprouvent les jeunes générations à remonter dans le passé, quelque beau
qu'il soit. Les légitimistes ont une très-belle
histoire à étaler devant eux. Ce qui fait leur
gloire fait aussi leur perte. Attirés par le bril-
lant prestige des souvenirs, ils se perdent avec

trop de complaisance dans le passé. C'est ce fanatisme rétrospectif qui a perdu la Restauration. Les chevaliers du lis ont travaillé à la chute de la monarchie du droit divin avec beaucoup plus d'acharnement que les libéraux eux-mêmes. Ces *ultra*-royalistes auraient été de force à poser une perruque à trois marteaux sur la tête de la charte de 1814. Le parti légitimiste a deux écueils à éviter à l'heure qu'il est. Si, par la pente même de ses tendances, il cherche à s'incliner vers le passé, il n'est plus qu'un parti de centenaires. Si, dans un espoir de parti et par habileté politique, il veut trop aller à la démocratie, il court grand risque de trouver le flot plus haut que la tête, et le flot l'engloutira.

Les orléanistes aussi croient au principe d'une monarchie héréditaire, mais leur foi porte une tache insurrectionnelle. L'idole n'est plus d'un or pur; il s'y mêle de l'alliage révolutionnaire. Ce n'est plus le principe du droit divin, c'est celui du droit populaire. Le roi ne tient plus sa couronne des mains de Dieu, il la prend des mains du Peuple. La monarchie de 1830 s'élève du sein d'une révolution faite contre le principe monarchique : elle est donc déjà en opposition avec elle-même par le fait même de son origine. Pour une telle monarchie, régner, c'est combattre le principe de sa naissance. La royauté qui tient sa couronne d'une insurrection doit à un jour donné la rendre à une insurrection : le trône n'est qu'un prêt que lui fait la générosité d'une révolution. On ne peut pas changer le sens des choses. Quelque forte que puisse devenir une telle royauté, elle s'affaisse tout d'un coup, parce qu'elle ne peut se tenir que sur le terrain mouvant de son principe. Ainsi, le roi Louis-Philippe a disparu en février. Il est tombé parce que le 24 Février 1848 est lendemain du 29 Juillet 1830. Son règne ne pouvait être qu'un entr'acte habilement intercallé entre deux révolutions. Du reste, la monarchie était impossible à établir sur les bases qu'avait voulu lui donner le roi Louis-Philippe. Nous trouvons sa condamnation dans ces deux mots : *royauté bourgeoise*. En effet, la grande erreur de Louis-Philippe fut de croire qu'il pouvait régner en s'appuyant uniquement sur la bourgeoisie. La bourgeoisie est essentiellement mobile de sa nature. Elle vit dans un milieu toujours remuant, mécontent, tracassier. Elle est gouvernementale à outrance ou révolutionnaire à propos de rien. Elle se tient ou trop haut ou trop bas. Que bâtir sur ce flux et reflux politique ? Louis-Philipe a vu tomber sa maison sous le reflux d'une petite défection bourgeoise.

La monarchie de 1830, cependant, a laissé un parti en France. Ce parti veut la monarchie constitutionnelle comme étant la seule forme de gouvernement qui puisse concilier toutes les tendances politiques du pays. Héréditaire, elle donne gain de cause à tous les partisans du principe monarchique ; représentative, elle ouvre sans cesse par l'élection son sein à l'élément démocratique. C'est une monarchie sans gentilshommes, une république sans jacobins. Cette forme de gouvernement sied très-bien à l'esprit du parti qui la préconise. Elle est assez large pour contenir toutes les vanités ambitieuses, tous les talents sérieux, et assez démocratique pour ne pas porter ombrage aux susceptibilités de comptoir. La monarchie constitutionnelle met la personne royale à une honnête hauteur ; elle revêt le prestige d'un habit bourgeois. Elle laisse au roi tous les moyens de régner, c'est-à-dire de bien faire les affaires du pays, mais elle lui ôte tout élan pour monter plus haut. Les orléanistes, hommes d'affaires politiques, gens honnêtes, richès pour la plupart, amis forcenés de la paix et matérialistes de tempérament, aspirent à s'asseoir de nouveau au milieu d'un régime dont ils ont, pendant dix-huit ans, savouré les délices constitutionnelles. Ils comptent sur une jeune et féconde dynastie que le flux d'une révolution a emportée et que son reflux peut ramener. Ils espèrent, à force

de pratiques habiles, contraindre la révolution
de Février à se démentir elle-même.

Il faut avouer que, depuis deux ans, les
événements ont singulièrement jeté loin de
leur but les légitimistes et les orléanistes. Chaque jour repousse dans un avenir chimérique
le retour des prétendants, et, par cette raison,
chaque jour rapproche les deux partis. Ils ont
fait alliance forcée sous ce nom de circonstance : *le parti de l'ordre*. Sous ce drapeau
neutre, ils servent la République ; ils la soutiennent aujourd'hui avec conscience, parce
que, aux yeux des légitimistes, la République
peut seule arrêter la famille d'Orléans aux
frontières ; parce que pour les orléanistes la
République est seule capable de prolonger
l'exil du duc de Bordeaux. Les monarchistes
soutiennent surtout le gouvernement républicain, parce que derrière lui grandit de jour
en jour une chose qui n'a plus de nom dans
la langue politique. En face du chaos indéfinissable qui les menace, les vieux partis ou-

blient forcément leurs prétentions dynastiques.
C'est qu'il ne s'agit plus de porter et d'offrir
la couronne à tel ou tel prétendant, il faut dé-
sormais défendre son foyer, sa famille, sa tête.
La querelle politique est finie ; la guerre sociale commence. Le temps est passé des luttes
à coups de phrases sonores dans les tournois
parlementaires ; il faut maintenant agir.

Plus de partis ! tel est le cri qui s'élève dès
qu'une menace de guerre sociale se fait entendre. C'est à qui courra le plus vite brûler
sa cocarde sur l'autel de ses dieux domestiques. Le coup de tonnerre rassemble tous les
hommes d'ordre ; mais aussitôt que le ciel s'é-
claircit, tout le monde se disperse ; chacun
retourne à son parti, oubliant aussi bien l'orage d'hier que la tempête de demain. Telle est
la fâcheuse politique des défenseurs de la société : le danger les unit ; la sécurité les sé-
pare. De cette façon, ils perdent tout le temps
de la paix à ne pas se fortifier pour le temps
de la guerre. Le mal tient à notre caractère

français : nous oublions le passé ; nous impro-
visons le présent et nous laissons à notre ennemi toutes les clefs de l'avenir. Le mal vient
aussi de l'esprit incorrigible des partis monarchiques : ils se pardonnent pour combattre
ensemble ; ils se détestent dès qu'ils peuvent
faire la paix.

Devant la grande lutte sociale qui se pré-
pare, le parti de l'ordre ne devrait avoir que
cette seule politique : prévenir. Mais pour prévenir les effets d'une maladie, il faut avant tout
connaître la cause de cette maladie. La révolution qui agite la société jusque dans ses fondements et qui a pris le nom gigantesque de
socialisme, ne cache qu'une plaie financière. Si,
demain, la Providence envoyait son caissier
pour dégrever les contribuables, le socialisme
s'évanouirait à l'instant même comme une
ombre ridicule et maudite. N'est-ce pas, en
effet, la grosse et lourde question de l'impôt qui
range sous la bannière socialiste des milliers de
petits propriétaires, de petits marchands, de

paysans et même d'ouvriers ? A leurs yeux, le socialisme, c'est la banqueroute générale ; c'est la liquidation forcée d'un budget qui les écrase. Il est donc probable que la France croulera sous le poids de ses dettes ; c'est l'impôt qui fera crever l'orage. Ce sont nos révolutions continuelles qui ont élevé la Dette publique au chiffre effrayant où elle se trouve. La grande idée du socialisme est de faire payer aux riches tous les frais de nos révolutions. Cette idée est d'une injustice révoltante, d'une tyrannie exécrable. Mais pourquoi les riches, de leur plein gré, dans un élan superbe de patriotisme, ne se réuniraient-ils pas pour payer les dettes de la France ? Pourquoi ne jetteraient-ils pas à la mer la moitié de leurs richesses, s'ils pouvaient par cet acte de sublime désintéressement sauver le navire en péril ? Pourquoi ne donneraient-ils pas une part de leurs fortunes pour pouvoir conserver autour d'eux le sol de la patrie, les joies de la famille et le repos des derniers jours ? Lorsque la France serait rétablie sur les bases neuves d'un impôt modique, où serait le point d'appui du socialisme? Qui oserait se révolter contre les bienfaiteurs de leur patrie? C'est ainsi que se réaliserait le vrai, le seul socialisme possible, le socialisme partant des hautes sphères pour aller améliorer le sort des basses classes, comme la pluie tombe du ciel pour féconder la terre !

Parti de l'ordre, défenseurs de la société, ce n'est qu'à force de grandeur d'âme et d'humanité que vous sauverez cette société. Dieu livre à l'erreur d'un jour les vérités éternelles qui régissent toutes les sociétés humaines; il les jette dans la lutte pour qu'elles s'y retrempent; il met la société en péril pour qu'elle se relève plus forte. La France s'amolissait dans les délices de sa civilisation; Dieu lance quelques milliers de barbares à ses trousses pour lui rendre sa fière et brillante énergie. Votre cause est celle de la vérité; mais ne l'égarez pas dans le dédale des vieilles routines politiques; faites quelque chose de souverainement nouveau. Vos ennemis veulent changer le monde, anéantir les misères sociales; prenez le pas sur eux. Vous êtes riches, puissants, éclairés; vous avez tous les moyens possibles de les devancer. Sachez que tout ce que vous ne ferez pas, le socialisme le tentera à vos dépens. Il a l'audace de ses doctrines, ayez l'audace de vos principes. Il se dit jeune; soyez jeunes. Quand vous aurez fait triompher votre cause, ne la faites pas aboutir à votre égoïsme. Il faudrait toujours recommencer la lutte. Combattez avec courage, avec générosité, avec esprit, surtout: le socialisme n'est que ce que veulent bien le faire votre peur, votre égoïsme, votre stupidité. La grosse machine du socialisme ressemble à ce colossal et grotesque cheval de bois que les Grecs firent rouler contre les murs de Troie; lancez sans peur vos traits perçants contre ses flancs caverneux et vous en aurez bientôt fait dégringoler tous les mirmidons du progrès social!... Mais, d'un autre côté, portez la main et le remède sur toutes les souffrances de la société : une nation n'a jamais péri en faisant acte d'humanité !

DES PARTIS DÉMOCRATIQUES.

DES PARTIS DÉMOCRATIQUES.

Nous marchons ici sur le sol de la démocratie. Nous avons traversé les régions des vieux partis, et nous entrons dans celles des jeunes partis. La pensée arrive plus active à l'esprit, comme l'air arrive plus vif au visage dès qu'on passe de la nuit à l'heure fraîche du matin. Nous avons parcouru les domaines du passé, mesurant ses ruines, mais aussi admirant ses grandeurs ; nous avons vu en quoi il était mort ; nous avons dit en quoi il était encore vivant. Maintenant, nous avançons sur un terrain nouveau, mais coupé de mille précipices. Nous avons devant nous de vastes horizons, mais le soleil ne s'est pas encore levé derrière. Un air plus actif circule autour de nous, parce que nous approchons des bords orageux d'un océan dont Dieu n'a peut-être pas limité les flots... Arrêtons-nous un instant sur les frontières de la démocratie. Contemplons ce pays immense, mais encore plongé dans les ténèbres de l'inconnu. Est-ce la terre de Chanaan, le pays aux fruits merveilleux? Est-ce la terre de l'Egypte, le pays des sept plaies? En pénétrant dans les régions de la démocratie, avançons-nous vers la terre promise du progrès, ou reculons-nous vers les contrées barbares? Telle est la formidable question que la France fait, depuis soixante ans, à l'avenir.

La Démocratie est un gouvernement où le peuple est maître souverain. Deux républiques anciennes, Athènes et Rome, sont nées et ont grandi sous cette forme de gouvernement. Elles ont péri du jour où le principe démocratique s'est corrompu chez elles. La démocratie est le gouvernement de la vertu.

Pour qu'une démocratie soit florissante, il faut que tous les citoyens soient vertueux. Du jour où la vertu se perd chez les citoyens, la chose publique meurt. La démocratie ne convient donc qu'aux peuples vertueux par excellence. Plus les peuples sont jeunes, plus ils sont susceptibles de vertus. C'est pourquoi nous ne voyons guère la forme démocratique s'établir que chez les peuples naissants. Les deux vertus fondamentales de la démocratie sont l'amour de la patrie et l'amour de l'égalité. Aux yeux d'un peuple enfant, le sol est un berceau; la patrie est une mère. L'amour de cette patrie est pour lui son premier et son plus saint devoir. Chez ce peuple, l'amour de l'égalité est un sentiment tout aussi naturel que le premier : sortis d'hier d'une source commune, les hommes coulent encore au même niveau. Avec ce double sentiment au cœur, ce jeune peuple penche vers la démocratie par le poids même de sa nature.

Si, maintenant, nous voulons appliquer à

un peuple déjà vieux le principe démocratique, nous arrivons en face d'une contradic-
tion énorme. Nous voyons un peuple vieux
forcé de redevenir jeune. Il faut que ce peuple se donne une secousse frénétique pour
passer de la vieillesse à la jeunesse. La tran-
sition peut être mortelle, qu'importe ! il faut
que ce peuple se transforme des pieds à la
tête. C'est la loi de son destin. Il est écrit
dans sa destinée qu'il passera par les consti-
tutions politiques les plus opposées entr'elles.
Hier, elle était monarchique ; aujourd'hui, elle
est démocratique. Les uns voient un signe de
progrès dans la facilité avec laquelle ce peuple
passe d'une forme de gouvernement à un autre. Les autres y découvrent tout le caractère
de la décadence.

Il est un fait aujourd'hui incontestable, c'est
que la France tend à se constituer en gouvernement démocratique. Le suffrage universel a
ouvert toutes les voies à la démocratie.... Sin-
gulier rapprochement ! Les Français du dix-

neuvième siècle élisent leurs représentants et
le président de la république, comme les Francs
du cinquième siècle élisaient leurs chefs mili-
taires et leur roi : c'est le même principe de
souveraineté exprimé de la même manière, par
le suffrage universel. Le siècle civilisé et le
siècle barbare se touchent par la démocratie.
Le principe ne met aucune différence entre ces
Hordes barbares qui s'assemblaient en comices
tumultueux, à l'ombre des vieilles forêts gau-
loises, et ces paisibles Electeurs qui se rendent,
un dimanche, au scrutin ouvert dans un des
bureaux de leur mairie. Ce rapprochement est-
il une injure faite au progrès politique du siècle? ou l'histoire n'est-elle qu'un cercle tracé
par le doigt de Dieu autour duquel les peuples tournent fatalement? Le point de leur ar-
rivée au but touche-t-il au point du départ?
Les peuples finissent-ils comme ils ont com-
mencé?

Un fait existe ; le suffrage universel a donné
la souveraineté au peuple français. Puisque

le sort de la France se trouve maintenant dans les mains de la souveraineté du peuple, il est bon de donner une grande attention aux divers mouvements qui s'opèrent dans le sein même du souverain. Nous désignons sous ce nom : *le Peuple*, tous les Français sans distinction de classes. Mais comme, en définitive, la majorité est la grande loi des gouvernements basés sur le suffrage universel, nous envisageons plus particulièrement ici le peuple proprement dit, c'est-à-dire toutes les classes inférieures, la population des campagnes, les ouvriers, les soldats, toutes ces masses enfin qui, par leurs poids même, pèsent impérieusement sur les destinées de la démocratie.

Dans quelles conditions ce peuple s'est-il trouvé et se trouve-t-il encore aujourd'hui pour exercer son droit de souveraineté ? Quels sont les éléments qui, en se développant en lui, travaillent à fonder ou à détruire le principe de cette souveraineté ? Deux questions considérables qui sont comme les deux clefs de voûte de l'avenir.

Le triomphe du suffrage universel, après le 24 Février, personne ne peut le nier, trouva le peuple très-peu préparé et presque abasourdi du grand rôle qu'une révolution inattendue s'empressait de lui donner. Il y a dans le fait de cette révolution qui, du jour au lendemain, dépose aux pieds du peuple le souverain pouvoir, il y a quelque ressemblance avec l'histoire de ce jardinier de Sidon, qui était occupé à bêcher son jardin lorsque les officiers d'Alexandre-le-Grand lui apportèrent la couronne et les vêtements royaux. Le pauvre jardinier, plus étonné qu'ébloui de sa nouvelle grandeur, se contenta de s'écrier : « Fasse le ciel que je supporte la prospérité comme j'ai supporté la misère ! » Le peuple a-t-il fait aussi cette sublime prière ? Comme le philosophe ancien, est-il passé avec calme de son obscurité à la souveraine puissance ? A-t-il exercé son droit avec toute la plénitude de sa raison ? Nous ne le pensons pas. Préparé en aucune façon à l'exercice de sa souveraineté, lé peuple ne pouvait pas en saisir du premier coup tous les bons côtés. Sa nature, au contraire, le portait à en prendre d'abord les mauvais. Les peuples essaient quelquefois leurs droits, comme les enfants essaient leurs joujous, en les faisant aller à rebours... Mais, depuis deux ans qu'il pratique le suffrage universel, le peuple a-t-il bien nettement la conscience de ce qu'il doit faire? A-t-il surtout conquis les vertus nécessaires aux citoyens qui vivent sous le principe du suffrage universel? A-t-il aujourd'hui toutes les qualités d'un peuple républicain? Nous l'avons dit plus haut : la démocratie est la forme de gouvernment des peuples vertueux, des nations jeunes.

La France est un pays qui compte déjà quatorze siècles d'existence; elle est parvenue à un très-grand âge historique. Il est donc permis de se demander si les Français sont encore un peuple jeune. Nous savons bien que les nations commencent à périr par le haut, comme les chênes commencent à mourir par la cime. Alors il s'agit de savoir si, au-dessous des hautes branches déjà vieilles et sèches, la sève circule encore avec assez de vigueur pour faire grandir les branches qui rasent le sol. En d'autres termes, le courant de la puissance qui se retire des régions aristocratiques trouve-t-il en descendant dans les classes plébéiennes une race d'hommes assez jeunes, assez purs, assez vertueux, pour fonder en France une véritable démocratie ?

Et d'abord, par son caractère, le peuple français est-il fait pour vivre sous un gouvernement démocratique ?

Ami du bruit, irritable à l'excès, inconstant et léger, le peuple ne voit d'abord dans l'état démocratique que les moyens de satisfaire son amour de l'agitation et ses passions inconstantes. Il sauvera bien la démocratie des mains de ses ennemis les monarchistes, mais il la livrera demain aux fureurs insensées des démagogues. Maître souverain, livré à lui-même,

le peuple ne tendra jamais que vers des extrémités futiles ou monstrueuses. Ses amis auront beau vouloir le ramener à un milieu rai-
sonnable, il saura leur échapper par la loi
même de la nature, c'est-à-dire par l'incons-
tance de ses idées et par la violence de ses
instincts. En vain on voudra enfermer le peuple dans une Constitution forte, sage et salu-
taire pour lui, il saura toujours y pratiquer
une brèche pour en faire sortir ses passions
naturelles. Si la démocratie est le port des nations calmes et raisonnables, elle est l'écueil
des nations turbulentes et frivoles. En France,
le gouvernement démocratique sera toujours
en rapport avec les fureurs populaires, comme
le vaisseau avec les flots : le vaisseau soumet
les flots à sa proue de fer, mais les flots n'en
continuent pas moins à imprimer au vaisseau
le mouvement de leur agitation perpétuelle.
La démocratie ne sera toujours en France
qu'une lutte continuelle entre le peuple et le
pouvoir que lui-même il aura élu. Le caractère

de ce peuple le veut ainsi. Ni le temps, ni l'é-
ducation politique ne changeront ce caractère
rebelle, irritable, inconstant; la forme républicaine ne fera au contraire qu'en augmenter
l'activité : elle établit un courant d'air au cen-
tre même du foyer.

Le peuple, d'un autre côté, a-t-il toutes les
vertus nécessaires aux citoyens qui vivent dans
un État démocratique ?

Les vertus républicaines consistent surtout
dans une haute estime de soi-même, dans
l'amour de la patrie, dans le sentiment vrai
de l'égalité. Ou nos vertus civiques nous rendent dignes et capables de nous gouverner par
nous-mêmes et alors nous vivons en démocratie; ou nos vices nous ramènent de force à
un maître absolu, et nous cessons ainsi de vivre en démocratie. Surpris par une révolution
trop prompte, le peuple français est arrivé au
triomphe de sa cause sans avoir pu se prépa-
rer aux vertus républicaines. Il n'était donc
pas mûr pour la démocratie. Nul doute qu'il

se fût fait en lui un travail de perfectionnement politique, si un ennemi ne s'était pas glissé dans le peuple pour l'abaisser et le corrompre. Cet ennemi, c'est le socialisme.

Dans ce mot, devenu vaste comme le monde, on peut tout faire entrer, le bien et le mal, le jour et la nuit, la vie et la mort. Mais ici, en face de ces populations dont nous parlons depuis quelques instants, ce mot ne peut prendre qu'une signification mauvaise. La raison en est facile à comprendre. Du moment que le peuple ne possède pas les vertus nécessaires à une démocratie, il court grand risque de tomber dans les vices de la chose contraire. Or, le socialisme étant le vice de la démocratie, il en résulte que le peuple peut se laisser corrompre par le socialisme. Le socialisme est le vice de la démocratie, parce qu'il en fausse toutes les vertus. Il abaisse l'homme, il éteint l'amour de la patrie et il dénature le sentiment de l'égalité. Le socialisme abaisse l'homme, parce qu'en imposant à tous les hommes une existence basée sur un bien-être égal et invariable , il annihile dans l'homme sa plus belle prérogative : l'emploi de sa destinée. Le socialisme éteint l'amour de la patrie, parce qu'il efface les signes de la propriété. Le foyer domestique, le champ paternel, cette parcelle de terre qui se détache précieusement de tout le reste du sol, c'est la patrie, la petite patrie : en détruire les limites, c'est abattre les frontières de la grande patrie. Le socialisme dénature le sentiment de l'égalité, parce qu'il tend moins à élever les citoyens dignes qu'à abaisser les hommes heureux. L'égalité ne consiste pas dans le nivellement stupide et parfait de toutes les classes d'une société , mais dans la dignité que met à vivre chaque citoyen, à quelque place qu'il soit. Un ouvrier vertueux est l'égal d'un gentilhomme vertueux : la vertu les égalise. Tous les purs et austères principes de la démocratie trouvent donc dans le socialisme un élément actif de corruption.

Dé quelle manière le peuple comprend-il le socialisme? Il serait absurde de penser que les masses ne voient dans les mouvements socialistes que des efforts faits pour amener quelques réformes sociales demandées par les esprits généreux et éclairés. Le socialisme ne devrait pas signifier autre chose. Mais, par malheur, le peuple ne le voit pas du même œil que les philosophes humanitaires qui veulent améliorer l'état social. Dans l'imagination des masses, le socialisme est quelque chose d'indéfinissable, d'inconnu, qui ressemble assez à un débordement immense, à une chute énorme, à une ruine universelle. Rien n'existera plus de la vieille société. Un monde jeune s'élèvera de ses ruines. Un sang plus frais battra dans les tempes de l'humanité régénérée. L'homme aura brisé à la tête de son créateur l'antique châtiment qui, depuis quatre mille ans, pesait sur lui. Il n'y aura plus un seul malheureux sur la terre. Tous les hommes vivront dans une paix touchante, au sein d'une abondance délicieuse. C'est à peine s'il sera permis aux heureux mortels de mourir. Tel est le rêve dont le socialisme berce les masses misérables et ignorantes... Pour les méchants, le socialisme est une ruine gigantesque, un spectacle de désolation grandiose qui allèche leur imagination perverse. Pour les orgueilleux, le socialisme est le niveau passé sur tout ce qui les dominait. Pour la haine, le socialisme c'est la vengeance; pour le désespoir, c'est la fin de toutes choses; pour la pauvreté, c'est la richesse; pour la souffrance, c'est le remède. Pour les hommes sensuels, le socialisme tient table ouverte à tous les appétits; il n'est pas de besoins avides de jouissances qui ne puissent trouver place et avoir sa part à ce festin colossal donné sur les ruines de la société... Voilà le socialisme que, par son ignorance, ses instincts destructeurs, ses appétits grossiers et ses souffrances, le peuple est naturellement porté à comprendre. Si le triomphe ne lui donne que le quart ou même la moitié de ce qu'il a rêvé, il entrera dans la fureur du lion forcé de rester sur sa faim. Ses chefs auront beau étaler devant lui l'impossibilité d'une bombance plus complète, il n'écoutera que son appétit inassouvi. En vain trouvera-t-il à chaque pas le mensonge des chimères socialistes, il voudra les réaliser les unes après les autres, et il ne se désabusera que lorsqu'il aura lui-même enfoncé sa main dans le vide de sa dernière erreur. Tout ceci est logique. Vous dites à un gueux : « Un trésor considérable est enfoui là. Déterre-le ; il t'appartient. » Vous aurez beau revenir dire à cet homme : « Mon ami, je me suis trompé ; il n'y a pas le moindre trésor sous terre. » Le gueux ne vous écoutera pas. Vous lui aurez mis une brillante espérance dans le cœur ; il poursuivra sa fouille, et il ne s'arrêtera que lorsque son dernier coup de pioche lui aura bien démontré le mensonge de votre intérêt pour sa misère.

Et lorsqu'on détourne les yeux de cette cohue de passions basses, d'appétits grossiers,

de rêves sauvages, que le socialisme engen-
dre, pour les lever sur les vertus austères, su-
perbes et calmes qu'exige la démocratie, on
découvre un abîme sans fond que chaque
jour agrandit !...

Sous le drapeau du principe démocratique,
rangeons d'abord le parti connu sous le nom
de républicains honnêtes et modérés. Ces républicains ont proclamé la souveraineté du
peuple : c'est le dogme de leur foi politique.
Pour eux, la démocratie est le gouvernement
par excellence, le seul qui puisse satisfaire
la raison humaine. Ces républicains auraient
acquis les vertus qui conviennent à la démocratie, s'ils ne s'étaient pas trop pressés d'en
avoir les ambitions. Ils ont fait marcher la démocratie à son triomphe, mais en prenant bien
soin de la faire précéder de leurs personnes.
Ils n'ont pas su immoler leurs intérêts à leurs
idées. Dix hommes souverainement vertueux
auraient pu fonder à tout jamais, en France,
un grand État démocratique. Ce parti des ré-

publicains honnêtes et modérés descend en ligne directe de la grande idée philosophique de 89 ; il fait un détour pour ne pas marcher dans le sang de 93, et il arrive à la révolution de Février pour commencer l'ère d'un gouvernement démocratique. A ce parti sont venus se joindre les hommes de bon sens qui, après avoir vu tomber sur elles-mêmes deux monarchies, ont regardé la République comme un gouvernement de raison et de nécessité. Ces républicains travaillent à fonder la démocratie en France, les yeux tournés vers la république des Etats-Unis ; ils voudraient faire de notre pays une république où se mêlerait un esprit vif, léger, inconstant, avec une raison froide, stoïque et forte : un mélange politique de la spirituelle république athénienne avec la grave démocratie américaine. Nous conserverions toutes nos mœurs élégantes et nous acquérrions le caractère pur d'un peuple républicain. Nos révolutions pouvaient trouver une fin logique dans un gouvernement pareil, lorsque tout-à-coup s'est formé, dans le sein même de la démocratie, un parti nouveau, formidable, insensé, qui lance le principe à mille lieues au-delà du possible.

Dans ce second parti se rangent ou plutôt s'entassent les socialistes. Ce parti se compose d'un ramas d'hommes de toute nature, de toute opinion, de tout pays. Quelques-uns s'y jettent par conviction ; beaucoup, par ambition ; tous, par soif du désordre. Comme le vent chasse et amoncelle dans les bas-fonds d'une forêt toutes les feuilles mortes d'automne, de même le vent révolutionnaire pousse et entasse dans les bas-fonds du socialisme tous ces hommes que l'orgueil, la haine, la folie, la misère et quelquefois même le crime, ont détachés des larges rameaux de la société. Tout ce qui n'a pas trouvé sa place ou son profit aux révolutions passées se jette dans ce dernier tourbillon des révolutions futures. Tout ce qui gémit ou gronde dans le fond d'une position malade ou courroucée, tend la main à ce socialisme qui doit ou calmer ses souffrances ou contenter sa colère. Le socialisme est le cul-de-sac où nos soixante ans de révolutions ont enfin acculé les unes sur les autres, toutes les passions, toutes les misères ; elles ne peuvent plus en sortir ; il faut qu'elles y étouffent. Elles n'auraient qu'une seule chose à faire pour être sauvées, ce serait de permettre à la société de leur faire passer de l'air dans tous les endroits où il manque. Le feront-elles ? Non. Les passions socialistes ne peuvent pas attendre : où les idées patientent, les besoins se révoltent. En vain les chefs cher-cheront à démontrer que le temps seul peut amener le triomphe du socialisme, œuvre de raison et de progrès ; les soldats affamés ne les écouteront pas. Comme, dans un parti des-tructeur, ce sont les plus pressés de détruire qui dominent, les soldats l'emporteront sur les chefs : la queue dirigera la tête. On ne peut pas plus changer les instincts que la destinée d'un parti ; s'il a les instincts destructeurs, il faut qu'il arrive fatalement à détruire.

Comme les républicains honnêtes et modérés, les socialistes ont foi dans le principe de la souveraineté du peuple ; mais ils diffèrent sur les destinées à donner à ce principe. Les républicains veulent que le peuple arrive par la démocratie à la pratique de tous ses droits ; les socialistes veulent que le peuple arrive par la démocratie à la possession de toutes les jouissances. Pour les uns, la démocratie doit faire des citoyens libres et vertueux ; pour les autres, elle doit faire tous les hommes heureux. Les premiers font de la France une république ; les seconds, un paradis. Les vertus civiques gonflent le cœur des républicains ; les désirs sensuels grouillent dans le ventre des socialistes. Les uns n'admettent que la vertu au gouvernement ; les autres n'y veulent recevoir que la passion. Les premiers aiment le peuple dans ses vertus, mais ils le châtient dans ses vices ; les seconds flattent le peuple dans ses vices, mais ils le détestent dans ses vertus. Le peuple a vu des amis dans les uns,

des courtisans dans les autres ; et, comme tous
les souverains, il s'est tourné vers les flat-
teurs.

La démocratie telle que l'entendent les socialistes, a pris le nom de *République sociale*.
Quel non-sens parfait ! Qui dit République,
dit gouvernement ; qui dit sociale, dit anarchique. La République sociale serait donc un
gouvernement anarchique ? Mais ces deux mots
ne se sont jamais trouvés réunis dans aucune
langue humaine. Il faut donc mieux penser
que la République sociale ne serait pas un
gouvernement. Le socialisme ne pourrait pas
fonder un gouvernement, par la simple raison
qu'il aurait détruit le seul et dernier gouvernement possible en France. En effet, que la République tombe, et le chaos politique commence.
Le lendemain de leur triomphe, les socialistes
eux-mêmes voudraient établir un pouvoir quel-
conque, qu'ils ne le pourraient pas. La conséquence de leurs principes les entraînerait
vers l'anarchie, comme le torrent mène au

gouffre. Admettons, par impossible, qu'il se forme alors un parti sous ce nom phénoménal : socialistes conservateurs ; mais ce parti, composé de socialistes de la veille, apostats du lendemain, disparaîtrait à l'instant, comme un brin de paille qui voudrait tenir tête à l'orage. Le socialisme, c'est l'anarchie, la mort d'un pays. Consultez l'histoire. C'est une question sociale qui donne le premier coup à la République romaine. Le tribun du peuple, Tibérius Gracchus, divise Rome pour une affaire de terrain, Rome maîtresse de l'univers entier. La division qui éclate alors entre le sénat et le peuple est le premier germe de mort tombé dans le sein de la République.

Les socialistes conservateurs dont nous parlions plus haut ne veulent détruire ni la famille ni la propriété. Ce sont les politiques du parti, et ils savent très-bien que s'ils abattaient les fondements de toute société humaine, ils n'auraient plus rien à mettre sous les pieds de leur pouvoir futur. Ils veulent bien détruire tout ce qui résiste à leur triomphe, mais ils s'arrêteront dès qu'ils courront le risque de toucher aux conditions vitales d'une société qu'ils veulent bien gouverner, mais non tuer. Comme, avant tout, ces ambitieux cherchent le pouvoir, ils désirent se ménager pour leur avénement quelque chose qui ressemble encore à un pays. Parmi ces socialistes, se trouvent encore les philosophes, qui veulent la réalisation possible et honnête de leurs doctrines. Ces philosophes et ces ambitieux ne veulent abattre de la vieille société que ce qui courrouce leur philanthropie, ou ce qui arrête le char de leur fortune. Les uns veulent guérir les souffrances du peuple ; les autres veulent le dominer. Les uns et les autres le trompent.

Veux-tu améliorer ta condition ? Peuple, tu n'as qu'à le vouloir. Ne fais plus de révolution. Toutes les fois que tu montes chez le percepteur, ne t'aperçois-tu pas que c'est toujours toi qui *paies les pots cassés ?* Plus de révolutions !

moins d'impôts ! L'impôt, c'est ta misère couchée sur le registre des contributions. Du jour où cesseront les révolutions, le gouvernement de ton pays licenciera tous ses soldats ; ce sont des millions etdes millions qui rentreront dans ta poche. Que la paix soit sûre entre toi et le gouvernement, et l'impôt tombe de moitié. Ta misère est dégrevée d'autant ; le crédit renaît. Le crédit est comme le soleil : il réchauffe aussi bien la montagne que le brin d'herbe. Si petit qu'on soit dans son pays, lorsque le crédit sue par tous les pores de la fortune publique, on en reçoit une goutte. Les mendiants eux-mêmes sont plus heureux dans un pays tranquille.

Peuple ! une révolution t'a donné le suffrage universel, c'est-à-dire une part immense dans les affaires de ton pays. Ton droit t'impose un devoir ; il veut que, participant aux affaires de ton pays, tu aies le souci de son honneur, de sa gloire et de son repos. Le suffrage universel t'attèle au char de l'État, pour le mener dans la bonne route et non sur la pente du précipice. La démocratie, c'est-à-dire le gouvernement de la souveraineté du peuple, te donne mission de consolider l'édifice du pays, et non de le détruire. Si tu le consolides, tu finiras par t'y loger grandement, avantageusement; si tu le détruis, toutes ses ruines te tomberont dessus, et t'écraseront, parce que tu es forcé de rester dessous sans pouvoir te sauver. Comprends-le bien : la République fera ton bonheur ou ton malheur, selon que tu feras bien ou mal. Tu as devant toi le tentateur : c'est le socialisme. Comme le démon transporta sur la montagne le Christ, aussi pauvre que toi, pour le tenter, le socialisme te fait monter sur l'avenir pour te faire voir tout ce qui t'appartiendra, si tu l'écoutes. Il te montre la société entière à tes pieds, et il te dit : Elle est à toi. Il te trompe; la société ne t'appartient pas; mais tu appartiens, au contraire, à la société. Tu lui appartiens par tes affections domestiques, par tes devoirs de citoyens. La démocratie te fait entrer dans cette société comme un citoyen ; le socialisme t'y fait glisser comme un brigand. Par la démocratie, tu relèves et tu améliores ta condition ; par le socialisme, tu ne fais que l'étourdir pour quelque temps. La société te nourrit, le socialisme te soûle. Une fois ivre-mort, tu seras bien vite tombé dans les chaînes d'un maître. . . Peuple ! si tu veux voir arriver pour toi le règne de la liberté, de l'égalité, de la fraternité, commence par respecter ces grands principes, et méfie-toi de leur ennemi juré, du socialisme, mot assez vide et assez creux pour contenir autant d'absurdités que de crimes !

A TOUS LES PARTIS.

A TOUS LES PARTIS.

Partis monarchiques, démocratiques, socialistes, Dieu, d'un instant à l'autre, peut faire descendre la balance entre vous. Au nom de la patrie, mettez dans le plateau le poids de votre conscience, de votre patriotisme; mais n'y jetez pas le fardeau de votre haine! Depuis trop longtemps, grâce à vos implacables colères, la France vit dans un orage perpétuel. Elle a beau vous montrer, à la lueur des éclairs, son front pâle et morne, vous n'en continuez pas moins à ses pieds votre éternelle bataille. Quand la lutte finira-t-elle? La France, cette terre chérie de l'esprit et des mœurs charmantes, est-elle destinée à n'être plus qu'un cirque politique? Dieu a-t-il jeté sur son sol aimé du soleil, des plaisirs, des arts et du génie, trente-quatre millions d'hommes qui ne doivent plus s'occuper que de cette éternelle question : Quel gouvernement aurons-nous demain? Le canon de l'empire tonnera-t-il à notre réveil? Rouvrirons-nous les yeux dans les plis du drapeau blanc? Les habiles auront-ils fait proclamer la régence? Ou ce socialisme qui doit refaire la société, demain, sera-t-il sorti de l'inconnu, comme un bûcheron sort de sa hutte, au petit jour, la cognée sur l'épaule, pour aller abattre les grands arbres de la forêt?

Partis blancs, rouges, tricolores, la France se meurt dans vos disputes interminables ; sa civilisation se ternit sous la poussière de vos luttes ; son gouvernement actuel vacille devant l'appui incertain que vous lui donnez par boutade. Si vous voulez vous conserver une patrie, monarchistes, laissez dormir la monarchie dans le passé ; démocrates, ne faites pas sortir le socialisme des limbes de l'avenir ; la France ne peut aller périr que sur l'une de ces deux extrémités!... C'est vous surtout, socialistes, qui tenez aujourd'hui la paix ou la guerre dans le pan de votre robe usée au service de tant de passions; c'est vous qui devez prendre en pitié la patrie!... Si vos Catilinas ne vous font pas prononcer dans vos secrets conciliabules des serments de haine contre la France, voyez où la jettent vos idées ; pesez d'avance les cendres que vous recueillerez de votre triomphe !

Vous, chefs du parti de l'ordre, représentants de la majorité, vous n'avez plus qu'une barrière entre vous et l'abîme : c'est le gouvernement actuel. Ne l'abattez donc pas sous vos prétentions dynastiques. Si vous restez hommes de parti, tous les efforts que fera ce gouvernement pour se consolider iront naturellement froisser vos espérances de triomphe ; vous démolirez la nuit ce qu'il aura bâti le jour. Mais si vous ne voulez être que des Français défendant les destinées et le sol de la France, marchez à côté de ce gouvernement sous le drapeau de l'ordre et de la patrie !

Vous, chefs du parti socialiste, vous commandez à des forces considérables; vous arrivez sur la société comme se ruèrent autrefois sur la Rome des mauvais jours, à la tête des légions révoltées, des chefs improvisés en route, inconnus pour la plupart, mais ivres de vin et d'orgueil. Vous entraînez derrière vous un grand peuple; il porte dans ses bagages l'instrument de sa victoire : le suffrage universel; son triomphe est certain. Mais, sachez-le bien d'avance, chefs de ce peuple, si le socialisme devient l'expression de sa volonté souveraine, ce peuple fait à l'instant acte de tyrannie. Le socialisme, c'est l'absolutisme de la souveraineté populaire. De même que ce peuple chassa l'absolutisme, de même la société chassera le socialisme. Du jour où le peuple voudra faire de la tyrannie à sa façon, se poser en maître absolu, devenir un Louis XIV en blouse, il trouvera devant

lui une grande moitié d'une nation généreuse
et libre qui se redressera... Et si la bonne
France tombait vaincue, anéantie, sous une
dictature socialiste, il se ferait à l'instant
même, aux extrémités septentrionales du
monde, un bruit d'armement immense... une
armée innombrable s'ébranlerait des profondeurs du Nord... et le farouche Attila repa-
raîtrait sur nos frontières après quinze siècles
de sommeil... Mais tous les Français généreux, intelligents, fiers, riches et nobles, n'auraient plus à rougir cette fois-ci devant l'inva-
sion étrangère... les canons russes rouleraient
sur leurs tombes...

FIN.

TABLE DES MATIÈRES.

IMPRIMERIE CENTRALE DE NAPOLÉON CHAIX ET Ce, RUE BERGÈRE, 20.